Sfuggire Alla *SPIAGGIA*

Libro Da Colorare Per Stress

Coloring Bandit

Pubblicato da Speedy Publishing Canada Limited

Questo è un sanguinare attraverso pagina se si utilizza un colorante indicatore o una penna!

Trovare altri grandi titoli di ricerca per disegni da Colorare Bandit su Il tuo libro preferito rivenditore

Amazon.Ca | Barnes & Noble (BN.Com) | Libri 1 Milione (BAM.Com)

COLORING
BANDIT

Questo è un sanguinare attraverso pagina se si utilizza un colorante indicatore o una penna!

Trovare altri grandi titoli di ricerca per disegni da Colorare Bandit su Il tuo libro preferito rivenditore

Amazon.Ca | Barnes & Noble (BN.Com) | Libri 1 Milione (BAM.Com)

COLORING
BANDIT

Questo è un sanguinare attraverso pagina se si utilizza un colorante indicatore o una penna!
Trovare altri grandi titoli di ricerca per disegni da Colorare Bandit su Il tuo libro preferito rivenditore
Amazon.Ca | Barnes & Noble (BN.Com) | Libri 1 Milione (BAM.Com)

COLORING
BANDIT

Questo è un sanguinare attraverso pagina se si utilizza un colorante indicatore o una penna!

Trovare altri grandi titoli di ricerca per disegni da Colorare Bandit su Il tuo libro preferito rivenditore

Amazon.Ca | Barnes & Noble (BN.Com) | Libri 1 Milione (BAM.Com)

COLORING
BANDIT

Questo è un sanguinare attraverso pagina se si utilizza un colorante indicatore o una penna!
Trovare altri grandi titoli di ricerca per disegni da Colorare Bandit su Il tuo libro preferito rivenditore
Amazon.Ca | Barnes & Noble (BN.Com) | Libri 1 Milione (BAM.Com)

COLORING
BANDIT

Questo è un sanguinare attraverso pagina se si utilizza un colorante indicatore o una penna!
Trovare altrl grandi titoli di ricerca per disegni da *Colorare Bandit* su Il tuo libro preferito rivenditore
Amazon.Ca | Barnes & Noble (BN.Com) | Libri 1 Milione (BAM.Com)

Questo è un sanguinare attraverso pagina se si utilizza un colorante indicatore o una penna!

Trovare altri grandi titoli di ricerca per disegni da Colorare Bandit su Il tuo libro preferito rivenditore

Amazon.Ca | Barnes & Noble (BN.Com) | Libri 1 Milione (BAM.Com)

COLORING
BANDIT

Questo è un sanguinare attraverso pagina se si utilizza un colorante indicatore o una penna!

Trovare altri grandi titoli di ricerca per disegni da Colorare Bandit su Il tuo libro preferito rivenditore

Amazon.Ca | Barnes & Noble (BN.Com) | Libri 1 Milione (BAM.Com)

COLORING
BANDIT

Questo è un sanguinare attraverso pagina se si utilizza un colorante indicatore o una penna!

Trovare altri grandi titoli di ricerca per disegni da Colorare Bandit su Il tuo libro preferito rivenditore

Amazon.Ca | Barnes & Noble (BN.Com) | Libri 1 Milione (BAM.Com)

Questo è un sanguinare attraverso pagina se si utilizza un colorante indicatore o una penna!
Trovare altri grandi titoli di ricerca per disegni da Colorare Bandit su Il tuo libro preferito rivenditore
Amazon.Ca | Barnes & Noble (BN.Com) | Libri 1 Milione (BAM.Com)

COLORING
BANDIT

Questo è un sanguinare attraverso pagina se si utilizza un colorante indicatore o una penna!

Trovare altri grandi titoli di ricerca per disegni da Colorare Bandit *su Il tuo libro preferito rivenditore*

Amazon.Ca | Barnes & Noble (BN.Com) | Libri 1 Milione (BAM.Com)

COLORING
BANDIT

Made in the USA
Monee, IL
07 July 2026